Test Pattern

Test Pattern

*Plate 1*

*Plate 2*

Plate 3

Test Pattern

Test Pattern

Plate 4

Test Pattern

Test Pattern

Plate 5

Test Pattern

*Plate 6*

Plate 7

*Plate 8*

*Plate 9*

*Plate 10*

Test Pattern

Test Pattern

Plate 11

Plate 11

*Plate 12*

Test Pattern

Test Pattern

*Plate 13*

Test Pattern

Test Pattern

Plate 14

Plate 15

Test Pattern

Test Pattern

Plate 16

*Plate 17*

Test Pattern

Test Pattern

*Plate 18*

Plate 19

Plate 19

Plate 20

Test Pattern

Test Pattern

Plate 21

*Plate 22*

Test Pattern

Test Pattern

Test Pattern

*Plate 23*

Test Pattern

Test Pattern

*Plate 24*